Civismo

Hacer amigos

Cassie Mayer

Heinemann Library
Chicago, Illinois

Customer Service 800-747-4992
Visit our website at www.capstonepub.com

Designed by Joanna Hinton-Malivoire
Illustrated by Mark Beech
Translation into Spanish produced by DoubleO Publishing Services

ISBN-13: 978-1-4329-0403-6 (hc)
ISBN-13: 978-1-4329-0411-1 (pb)

The Library of Congress has cataloged the first edition of this book as follows:
Mayer, Cassie.
  [Making friends. Spanish]
  Hacer amigos / Cassie Mayer.
     p. cm. -- (Civismo)
  Includes index.
  ISBN 1-4329-0403-5 (hc - library binding) -- ISBN 1-4329-0411-6 (pb)
  1. Friendship--Juvenile literature. I. Title.
  BF575.F66M29518 2007
  177'.62--dc22
                              2007029445

Printed in the United States   5553

Contenido

Un amigo es alguien en quien
puedes confiar.

Los amigos se divierten juntos.

Puedes hacer amigos…

pidiéndole a alguien que
juegue contigo.

Puedes hacer amigos…

diciéndole a alguien que te
cae bien.

Los buenos amigos se ayudan.

Los buenos amigos cuidan unos
de otros.

Los buenos amigos…

se turnan para elegir a qué jugar.

Un buen amigo…

comparte sus cosas.

Un buen amigo...

escucha a sus amigos.

Un buen amigo…

se disculpa cuando se ha equivocado.

Es importante ser un buen amigo.

¿Cómo puedes ser un buen amigo?

Actividad

¿Cómo está siendo un buen amigo
este niño?

Glosario ilustrado

 **compartir** dejar que alquien use algo que tú tienes; dar a alguien parte de algo que tú tienes

 **turnarse** dar a cada persona una oportunidad de jugar a algo

Índice

Nota a padres y maestros

Todos los libros de esta serie presentan ejemplos de comportamientos que demuestran civismo. Tómese tiempo para comentar cada ilustración y pida a los niños que identifiquen las destrezas de amistad que muestran. Use la pregunta de la página 21 para plantear a los estudiantes cómo pueden hacer nuevos amigos.

El texto ha sido seleccionado con el consejo de un experto en lecto-escritura para asegurar que los principiantes puedan leer de forma independiente o con apoyo moderado. Usted puede apoyar las destrezas de lectura de no ficción de los niños ayudándolos a usar el contenido, el glosario ilustrado y el índice.